SEUL
DANS LA VILLE

BIOGRAPHIE

Petite fille, Lucy Daniels aimait beaucoup lire, et rêvait d'être écrivain. Aujourd'hui, elle vit à Londres avec sa famille et ses deux chats, Peter et Benjamin. Originaire de la région du Yorkshire, ellc a toujours aimé la nature et les animaux, et s'échappe à la campagne dès qu'elle le peut.

À David Teale, un grand ami de l'Arche des animaux.

ILLUSTRATIONS INTÉRIEURES : PHILIPPE MIGNON

L'auteur remercie Jennie Walters et C. J. Hall, médecin vétérinaire,
qui a revu les informations contenues dans ce livre.
Conception de la collection : Ben M. Baglio
Titre original :
Pup at the Palace

Publié pour la première fois par Hodder Children's Books, Londres

Loi n°49-956 du 16 juillet 1949 sur les publications destinées à la jeunesse
Dépôt légal : septembre 2003
ISBN : 2 747 009 11 4

S.O.S. ANIMAUX

SEUL DANS LA VILLE

LUCY DANIELS

TRADUIT DE L'ANGLAIS
PAR GUILLAUME FOURNIER

BAYARD JEUNESSE

LES HÉROS DE CETTE HISTOIRE

Cathy Hope a douze ans, et une passion : les animaux. Son ambition est de devenir vétérinaire, comme ses parents. La souffrance des animaux lui est insupportable et elle ne manque jamais une occasion de leur porter secours.

Adam et **Emily Hope** sont les parents de Cathy. Ils dirigent une clinique vétérinaire, l'Arche des animaux, où Cathy passe tout son temps libre.

James Hunter est le meilleur ami de Cathy. Il partage avec elle l'amour des animaux et la suit dans toutes ses aventures.

Tom et **Dorothy Hope** sont les grands-parents de Cathy. Ils vivent au cottage des Lilas, et sont toujours prêts à venir en aide à leur petite-fille.

Adam Hope
Emily Hope
Tom Hope
Dorothy Hope
James Hunter
Cathy Hope

1

– Tu vois quelque chose, James ? lança impatiemment Cathy Hope à son ami, qui se tenait à l'autre bout du parking.

– Rien du tout, dit James en abandonnant son poste d'observation sur le bas-côté de la route. Vous croyez qu'il viendra ?

– Bien sûr ! le rassura Dorothy Hope, la grand-mère de Cathy. J'ai appelé la compagnie hier, et on m'a confirmé qu'on nous envoyait un car pour huit heures. Il va arriver d'une minute à l'autre.

Cette année-là, c'était Dorothy Hope qui

s'était chargée d'organiser le séjour touristique annuel du Cercle des femmes[1] de Welford. Quand elle avait appris qu'il aurait lieu à Londres, Cathy avait immédiatement convaincu ses parents de prendre des vacances. Emily et Adam Hope n'avaient guère pu souffler depuis le début de l'été. L'Arche des animaux, leur clinique vétérinaire du petit village de Welford, dans le Yorkshire, leur donnait énormément de travail. Leur activité s'étant quelque peu ralentie ces derniers temps, ils avaient confié la maison à Simon, leur assistant, et pris une semaine de congés. Et ils avaient proposé à James, dont les parents ne pouvaient se libérer, de les accompagner.

– Tout le monde est là, Mamy ? demanda Cathy en parcourant des yeux le petit groupe de personnes qui attendait sur le parking.

La plupart des visages lui étaient familiers. Il y avait Mme Platt, qui comptait profiter du

1. Association qui rassemble les femmes du village de Welford. Elle propose et organise toutes sortes d'activités.

car pour rendre visite à son fils, à Londres. Elle avait laissé sa petite chienne, Antonia, au chenil. Venait ensuite Mlle Davy, qui vivait dans l'ancienne école de Welford et élevait des poules dans son jardin. Comme toujours, elle était sur son trente et un. Elle avait brossé avec soin sa chevelure argentée, et ses souliers en cuir brun étincelaient. À côté d'elle Mme McFarlane, qui tenait le bureau de poste, pérorait sans discontinuer – un vrai moulin à paroles. Son mari avait décidé de rester à la maison pour s'occuper de leur perruche, Billy, et tenir la boutique.

– Mais oui, je crois que nous sommes au complet, répondit la grand-mère de Cathy.

– Tu ne vas pas te sentir trop seul, Papy ? demanda Cathy en se tournant vers Tom Hope, le mari de Dorothy. Il est encore temps de venir, tu sais.

Tom Hope secoua la tête :

– Non, merci, ma chérie. Mes plants de tomates en sont à une étape très délicate, et je ne veux pas les abandonner maintenant. Ne t'inquiète pas, je ne vais pas mourir de faim : ta grand-mère a rempli le congélateur. Et, avec le jardin, je ne risque pas de m'ennuyer. Par contre, vous avez intérêt à m'écrire !

– Je t'enverrai une carte postale du palais de Buckingham ! promit Cathy.

Elle courut rejoindre James.

– Le car ne va sûrement plus tarder, lui dit-elle. J'ai hâte de partir, pas toi ?

– Oh si ! J'espère seulement que mes parents n'oublieront pas de promener Blackie.

Il passait beaucoup de temps à jouer avec son labrador, et Cathy savait qu'il allait lui manquer.

– On va bien s'amuser, dit-elle pour lui changer les idées. Pense à tous ces endroits célèbres qui nous attendent – le palais de Buckingham, le musée de cire de Madame Tussaud, la place de Piccadilly Circus, la Tour de Londres…

– Et le dôme du Millénaire, lui rappela James. Il paraît que la visite est formidable.

Le dôme du Millénaire est le plus grand

dôme du monde. Il a été construit sur le méridien de Greenwich, la ligne imaginaire séparant l'est et l'ouest, pour célébrer l'entrée du Royaume-Uni dans le troisième millénaire.

– Tu n'as pas pris ton nouvel appareil photo ? s'étonna Cathy en avisant le vieux Polaroïd posé sur le sac à dos de James.

– J'ai eu peur de le perdre ou de l'abîmer, expliqua James avec une grimace. L'avantage, avec celui-ci, c'est qu'on peut profiter des photos sans attendre. Regarde, j'en ai pris une de Blackie tout à l'heure.

Il sortit un cliché de la poche de son blouson et le tendit à Cathy.

– Oh, ce qu'il est mignon ! s'exclama Cathy devant la bonne tête du labrador. Allons le montrer à mes parents.

Elle ramassa le sac à dos de James et se dirigea vers M. et Mme Hope, qui discutaient tranquillement, assis sur un banc devant le pub. Les longs cheveux roux de sa mère scintillaient comme des copeaux de cuivre dans le soleil.

En approchant, Cathy vit son père étouffer un énorme bâillement.

– Courage, Papa, dit-elle en s'installant à côté de lui. Tu pourras dormir dans le car.

– Vivement qu'il arrive, répondit Adam Hope, qui était resté debout toute la nuit pour aider une vache à mettre bas.

– Regardez la photo de Blackie que James a prise avec son Polaroïd, dit Cathy en montrant le cliché à ses parents. Il est adorable, hein ?

– Oui, reconnut sa mère. Il a le fameux sourire des labradors.

– Il est magnifique, confirma son père en rendant la photo à James.

M. et Mme Hope aimaient les animaux autant que leur fille. Cathy se disait souvent que ses parents faisaient le plus beau métier du monde. Elle avait beaucoup appris en les aidant à la clinique, et elle espérait bien devenir un jour vétérinaire, elle aussi.

Quelques minutes plus tard, Cathy repéra un minibus blanc.

– Enfin ! s'écria-t-elle. Ce n'est pas trop tôt !

Le véhicule se gara à l'entrée du parking. Tout le monde se leva et avança dans cette direction. Le chauffeur, un petit homme énergique, qui se présenta comme Bill, descendit et prit leurs bagages.

– Drôle de rangement, fit observer Cathy à voix basse en le voyant jeter pêle-mêle les sacs et les valises au fond de la soute.

– Oui, approuva James, c'est dommage que Mme Ponsonby n'ait pas voulu voyager avec nous. J'aurais voulu voir sa tête si Bill avait traité son carton à chapeau comme ça.

Cathy lui adressa un clin d'œil. Mme Ponsonby se mêlait toujours des affaires des autres et prodiguait toutes sortes de conseils, que personne n'avait envie d'entendre. Elle était devenue carrément insupportable depuis que ses nombreuses activités caritatives lui avaient valu d'être invitée à un goûter dans les jardins du palais de Buckingham. Il n'y avait pas un seul habitant de Welford qui ne fût au courant.

Depuis des semaines, elle n'arrêtait pas de pavoiser. La date de la réception au palais coïncidait avec celle du voyage organisé ; mais, au grand soulagement de tous, Mme Ponsonby avait décidé de se rendre à Londres par ses propres moyens.

Quand tout le monde fut installé, Bill ferma la porte et démarra. Direction : la capitale.

2

Dorothy Hope avait pris des réservations pour sa famille et ses amies au « Nid de pie », un *bed & breakfast* du quartier londonien de Greenwich. C'était une grande demeure de style victorien, c'est-à-dire en briques rouges avec une décoration plutôt chargée. Elle se trouvait dans une rue étroite des berges de la Tamise, non loin du dôme du Millénaire. L'intérieur était propre et bien rangé. L'établissement appartenait à un Écossais jovial à barbe blonde.

– Je suis Alexander McPherson, se présenta-t-il. Mais tout le monde m'appelle Mac.

Il accompagna ses hôtes jusqu'à leurs chambres. Les parents de Cathy allaient dormir dans un grand lit à baldaquin qui leur plut énormément. Eileen Davy et Mme McFarlane partageraient une chambre, Cathy et sa grand-mère une autre. Quant à James, il dormirait seul, dans une petite chambre au bout du couloir. Mme Platt logerait chez son fils, dans le quartier de Wimbledon.

– Si ça ne t'ennuie pas, ma chérie, dit Dorothy en s'asseyant sur son lit, je crois que je vais m'étendre un peu. Pourquoi n'irais-tu pas visiter l'hôtel avec James ?

Cathy laissa ses affaires et partit à la recherche de son ami. Les murs du couloir étaient ornés de cartes anciennes et de reproductions de vieux voiliers.

La chambre de James regorgeait de maquettes. Il y avait même un voilier en miniature dans une bouteille.

– Je parie que Mac a été marin, commenta Cathy.

– En tout cas, il aime la mer, c'est certain, dit James en rangeant ses livres sur sa table de chevet. Tu as vu la roue de gouvernail au sommet des escaliers ?

Les deux amis descendirent au rez-de-chaussée. James s'arrêta au bas des marches pour examiner une gravure.

– Alors, voilà à quoi ressemblait Greenwich il y a trois cents ans, dit-il en lisant l'étiquette. Vise un peu tous ces bateaux sur la Tamise !

Cathy parcourut le hall du regard. Il y avait tant de choses à voir ! Des mouettes en bois suspendues au plafond battaient gracieusement des ailes quand on tirait sur leur cordelette. Dans un coin, des instruments de navigation d'autrefois – un télescope en bronze, un compas, et d'autres objets, que Cathy ne connaissait pas – étaient exposés sur des étagères, au-dessus d'un grand coffre cerclé de fer. Il y avait également des coquillages et des cristaux, ainsi qu'une gigantesque mâchoire de requin. Cathy passait en revue une série de cannes en bois ornées de têtes d'animaux quand James l'appela depuis le seuil de la salle à manger.

– Viens voir ça, Cathy.

Sur le mur du fond était accroché un immense buste de femme en bois peint. Son regard éteint fixait quelque destination lointaine et ses longs cheveux bruns semblaient voleter derrière elle comme sous l'effet d'une brise invisible. Un nom – *Daisy May* – s'affichait en belles lettres dorées sur le châle bleu drapé autour de son cou.

– Waouh ! Sans doute une ancienne figure de proue, dit Cathy en s'approchant. On dirait qu'elle cherche à s'arracher du mur. C'est un peu sinistre, tu ne trouves pas ?

Mais, avant que James pût répondre, une voix grave et rauque tonna dans la pièce :

– Bonjour ! Il va être temps d'y aller !

– Hein ? Qui est là ? s'écria James en agrippant Cathy par le bras.

– Je n’en sais rien, répondit-elle anxieusement.

La voix venue de nulle part résonna de nouveau :

– Tout le monde est parti ! Il est temps d’aller se coucher ! Bonne nuit, dormez bien !

– Qui a parlé ? cria Cathy.

Sa peur s’était transformée en colère. Elle détestait être le dindon de la farce.

– Daisy May est une méchante femme, geignit la voix sur un ton plaintif.

– O-où êtes-vous ? balbutia James. Ça suffit, montrez-vous !

Un rire cristallin éclata derrière eux. Cathy et James se retournèrent et découvrirent une fille assez grande, du même âge qu’eux. Ses cheveux châtains lui arrivaient aux épaules. Elle les observait, un sourire au coin des lèvres.

– Qu’est-ce qu’il y a de si drôle ? demanda Cathy en rougissant.

– On dirait que vous avez fait la connaissance de Sinbad, répondit calmement la fille.

Elle s'avança dans la pièce et indiqua l'un des coins. Là, dans l'ombre, se trouvait une grande cage à roulettes. À l'intérieur, un jacquot marchait prudemment le long de la grosse branche qui lui servait de perchoir.

– Quoi ? C'est lui qui hurlait comme ça ? dit Cathy en écarquillant les yeux. Tu veux dire que nous avons failli mourir de peur à cause d'un *perroquet* ?

Les deux amis s'avancèrent jusqu'à la cage pour regarder l'oiseau de plus près. Sinbad avait un plumage gris cendré, avec une queue écarlate et un masque argenté autour de ses petits yeux jaunes. Les plumes de son cou étaient bordées d'un liseré plus clair, de sorte que chacune d'elles se détachait nettement sur les autres. Cathy le trouva très beau.

– Bonjour, Sinbad, fit-elle.

Mais le perroquet semblait considérer qu'il avait suffisamment parlé. Il la dévisagea en silence, puis enfouit la tête dans ses épaules et entreprit de lisser son plumage.

– Laissons-le bouder, suggéra la fille, qui

les avait rejoints à côté de la cage. Venez plutôt voir le jardin. Au fait, je m'appelle Casey Baxter. J'habite à New York, et je suis ici en vacances.

James et Cathy se présentèrent à leur tour.

– J'adore cet endroit, déclara Casey en se dirigeant vers la porte du fond. Mon père est médecin. Un de ses collègues d'hôpital est venu en visite à Londres l'an dernier, et c'est lui qui nous l'a recommandé.

– Sais-tu d'où sortent tous ces bateaux et ces trucs de marins ? s'enquit Cathy.

– Oh, c'est parce que Mac a été cuisinier sur un bateau, autrefois, répondit Casey en ouvrant la porte sur un petit jardin clos. Attendez de voir les petits déjeuners qu'il prépare ! Vous ne pourrez plus rien avaler de toute la journée.

Elle remonta une allée gravillonnée et s'assit sur un banc peint en bleu. James et Cathy s'installèrent à côté d'elle.

– As-tu déjà fait le tour du quartier ? demanda James.

– Oui. Nous nous sommes levés très tôt

ce matin. Il y a tellement de choses à voir ! Le parc, l'Observatoire, les palais, et ce voilier incroyable, le *Cutty Sark.* Il est fantastique. Il a plein de figures de proue comme celle du *Daisy May* dans la salle à manger. Hé, je pourrais peut-être vous y emmener cet après-midi ? Et demain, nous allons voir la relève de la garde au palais de Buckingham. Il faut absolument que vous veniez avec nous. C'est génial ! L'après-midi, nous visitons le musée de cire de Madame Tussaud. Mais on doit réserver vos tickets à l'avance, sinon vous ferez la queue pendant des heures, d'après ce que dit maman.

– Pas si vite, s'esclaffa Cathy. Je suis déjà fatiguée rien qu'en t'écoutant !

3

Le lendemain, les Hope firent la connaissance des parents de Casey autour d'un copieux petit déjeuner. Tout se passa si bien que les Hope et les Baxter décidèrent de visiter la capitale ensemble.

– Impressionnant ! commenta Casey quelques heures plus tard en découvrant le palais de Buckingham à travers l'énorme grille en fer forgé. Alors, c'est ici que vit la reine quand elle se trouve à Londres. Vous croyez qu'elle nous observe en ce moment ?

– Possible, répondit James.

Il désigna un drapeau rouge et or qui claquait dans le ciel bleu.

– Regarde, ils ont hissé le drapeau royal. Quand la reine est absente, c'est l'Union Jack[2] qui flotte à la place. J'ai lu ça dans mon guide, hier soir.

Casey agita un bras en direction du balcon désert :

– Comment ça va, Votre Majesté ? Moi, c'est Casey Baxter, de New York. Je voulais juste vous faire un petit coucou !

Cathy se retourna pour observer la foule. Des guides brandissaient des parapluies colorés, afin d'être facilement repérés par leurs groupes ; des familles posaient pour la photo ; des vendeurs de hot dogs se disputaient les meilleures places.

Soudain, la jeune fille repéra un adorable chiot labrador brun, assis à côté d'un des chariots de hot dogs. La tête penchée sur le

---

2. Drapeau national de la Grande-Bretagne, composé à partir de trois drapeaux (les croix de saint Poppy, saint Andrew et saint Patrick, représentant respectivement l'Angleterre, l'Écosse et l'Irlande du Nord).

côté, il louchait avec envie sur les saucisses. Elle le regarda plus attentivement et jeta un regard circulaire sur la foule. Personne ne semblait lui accorder d'attention particulière. Pourtant, son propriétaire ne pouvait pas être loin.

Voyant que Casey était toujours fascinée par le palais, Cathy donna un coup de coude à James.

– Regarde le petit chien, là-bas, murmura-t-elle. On dirait qu'il est tout seul. Tu crois qu'il s'est sauvé ?

– Peut-être, fit James. Tu peux voir d'ici s'il a un collier ?

– Il est beaucoup trop loin, répondit Cathy en plissant les yeux. Approchons-nous, je veux l'examiner de plus près.

– Où allez-vous ? On va vous piquer votre place ! leur lança Casey depuis son poste d'observation devant la grille.

– On revient dans une minute, lui cria Cathy par-dessus son épaule.

– Je dois avoir quelque chose qui pourrait nous aider à l'approcher, dit James en fouillant dans sa poche. Là ! Ça y est !

Il exhiba triomphalement un vieux biscuit pour chien.

– Un reste des séances de dressage de Blackie, expliqua-t-il.

Certains touristes souriaient au chiot, mais la plupart étaient trop impatients de voir la parade pour lui accorder la moindre attention.

– Il n'a ni laisse ni collier, remarqua James.

– Il faut l'attraper avant qu'il n'aille se jeter sous une voiture, dit Cathy.

Elle s'accroupit à quelques pas pour ne pas effrayer l'animal. Elle se frappa la cuisse pour attirer son attention.

– Viens, mon chien, appela-t-elle sur un ton enjoué. Regarde ce qu'on a pour toi !

Le chiot leva la tête et dressa les oreilles. James lui tendit le biscuit.

– Par ici, l'encouragea-t-il. Au pied !

Le chiot lança un jappement bref et accourut aussitôt.

– Tu avais faim, pas vrai ? dit Cathy en le voyant engloutir le biscuit d'un seul coup.

– Les petits labradors ont toujours faim,

déclara James en riant. Blackie était pareil à son âge. Il aurait mangé n'importe quoi ! Regarde, il a exactement le même sourire. Tu crois que c'est un mâle ou une femelle ?

– Difficile à voir, il ne tient pas en place. J'ai l'impression que c'est un mâle.

Le jeune chiot avait perdu sa bedaine de naissance, mais il conservait une douceur de bébé dans l'allure et les traits. Il était encore mal assuré sur ses grosses pattes. Cathy lui caressa l'échine, et il pressa son museau humide contre sa main.

– On ne dirait pas un chien errant, observa James. Sa fourrure est impeccable.

Cathy le gratta derrière l'oreille. Le chiot leva sur elle deux yeux bruns emplis d'adoration.

– Toi, je suis sûre que tu as une maison quelque part. Ne t'inquiète pas, nous allons te ramener chez toi.

Le chiot aboya et se mit à gambader autour d'eux en agitant la queue.

– James, vite ! s'écria Cathy. Attrape-le tout de suite, ou il va se sauver !

Elle défit sa ceinture pour en faire une laisse improvisée.

– Attends, juste le temps de prendre une photo, protesta James, qui avait déjà l'œil collé au viseur.

Soudain, ce fut le désastre. Une femme policier montée sur un cheval gris pommelé s'arrêta devant les vendeurs de hot dogs.

– Dégagez les lieux immédiatement ! ordonna-t-elle d'une grosse voix. On vous a dit cent fois de ne pas vous installer ici. C'est interdit. Allez, fichez-moi le camp tout de suite. Ne restez pas sur le chemin des cavaliers de la garde royale.

Les vendeurs de hot dogs emportèrent leurs chariots en bougonnant. Les touristes s'avancèrent, appareil photo au poing. Ils voulaient tous assister au défilé de la cavalerie royale. Mais, au milieu de cette confusion, le chiot s'évanouit dans la foule.

– Où est-il passé ? s'écria Cathy en tournant la tête de tous côtés.

En temps normal, elle aurait adoré voir passer les gardes sur leurs chevaux noirs à la robe lustrée. Mais là, elle ne pensait plus qu'au petit chien. Elle l'imaginait déjà piétiné par les sabots des chevaux, ou renversé par une voiture au milieu de la rue.

– James ! Tu le vois ?

– Non, lui cria James, séparé d'elle par un mouvement de foule. Il s'est envolé !

– Allons chercher mes parents, décida Cathy. Ils nous aideront à le retrouver !

– Il n'y a pas grand-chose à faire pour l'instant, dit Emily Hope.

Elle passa un bras autour des épaules de sa fille pour la réconforter.

– Attendons que la foule se disperse pour chercher votre chien, ce sera plus facile. Essayez donc de profiter du spectacle avec Casey.

– D'accord, concéda Cathy d'un air malheureux. On se retrouve après la relève de la garde.

Il fallut un peu de temps à James et à Cathy pour se frayer un chemin à travers le flot dense des touristes. Ils finirent par repérer la casquette de base-ball de Casey, devant la grille, et se faufilèrent jusqu'à elle.

– Où étiez-vous passés ? demanda-t-elle.

– On a aperçu un petit chien perdu près d'un stand de hot dogs, expliqua Cathy. Mais il a filé avant qu'on puisse l'attraper.

– Oh, quel dommage ! Après le spectacle, je vous aiderai à le chercher. Regardez, voilà la relève qui arrive !

Un groupe de soldats en uniforme écarlate et noir venait d'apparaître dans la cour du palais. Ils marchaient en direction des guérites des sentinelles. Mais Cathy ne cessait de se retourner, guettant un éclair de fourrure brune ou une queue qui s'agitait.

Soudain, Casey l'agrippa par le bras.

– Votre chiot ! fit-elle, tout excitée. Ce n'était pas un labrador brun, par hasard ?

– Si ! répondit Cathy. Pourquoi ? Tu l'as vu ?

– J'ai l'impression qu'il vient de s'engager dans la garde royale ! Tiens, grimpe à côté de moi.

Cathy escalada la grille et jeta un coup d'œil de l'autre côté.

– Ce n'est pas croyable ! s'exclama-t-elle.

Leur chiot se tenait là, derrière les gardes. Il marchait fièrement à leur suite.

– Il a dû se glisser entre deux barreaux, dit James en se hissant à côté des filles.

Autour d'eux, les touristes riaient et montraient le chien en faisant des commentaires dans une dizaine de langues différentes. Apparemment, les gardes n'avaient pas remarqué la présence de cette nouvelle recrue. Quand ils atteignirent la première guérite, le petit chien se glissa prestement derrière. Il resta invisible quelques secondes, puis sa tête malicieuse réapparut derrière le coin. Les soldats, concentrés sur la manœuvre, ne l'avaient toujours pas repéré. Mais la foule fut secouée d'un énorme éclat de rire.

– Le coquin ! fit Cathy en souriant.

Excité par le bruit, le chiot se mit à tournoyer sur lui-même à la poursuite de sa queue. Puis il s'engouffra sous une arche donnant sur la cour intérieure du palais et disparut. Un applaudissement général salua sa sortie.

– Bon ! gloussa James, au moins, on est sûrs qu'il est en sécurité !

– J'espère, dit Cathy d'un air dubitatif.

Elle leva les yeux vers les longues rangées de fenêtres. Elle essaya de calculer le nombre de pièces qu'il y avait dans le palais, et fronça les sourcils. Le petit chien avait réussi à entrer, mais parviendrait-il à ressortir ?

4

Le lendemain matin, ils embarquèrent pour une promenade en bateau sur la Tamise entre les quartiers de Greenwich et de Westminster. La grand-mère de Cathy avait suggéré cet excellent moyen de découvrir les quais. Casey et ses parents étaient aussi de la partie. Il faisait un temps splendide.

– Hé, regardez là, devant ! s'écria soudain James en braquant ses jumelles sur le fleuve. On dirait un cormoran !

– Bien vu, confirma M. Hope depuis son siège. Il y en a un autre, perché sur ce poteau, là-bas. Tu vois comme il garde les ailes déployées pour les faire sécher ?

– Tiens, fit James à Cathy en lui passant ses jumelles.

Le grand oiseau au plumage sombre vola en zigzag au-dessus du fleuve. Subitement, il plongea au ras de l'eau. Quand il reprit de la hauteur, quelque chose d'argenté scintillait dans son bec.

– Oh, il a fait une prise ! s'exclama Cathy.

Le capitaine du bateau se pencha alors hors de la cabine.

– Depuis les dernières mesures antipollution, on a constaté que les poissons commencent à revenir dans la Tamise, leur apprit-il. On peut même y pêcher des saumons si on a de la chance.

Le commentaire enregistré se déclencha en grésillant pour avertir les passagers qu'on approchait du Tower Bridge, le pont surmonté par la célèbre Tour de Londres. Ils étaient tout particulièrement invités à observer la porte des Traîtres, par laquelle on amenait autrefois les prisonniers par bateau depuis les tribunaux de Westminster.

– J'aimerais bien visiter la Tour, dit Casey tandis que le bateau passait lentement devant la bâtisse sombre et imposante. Ce n'est pas là que sont gardés les joyaux de la Couronne et le billot sur lequel on a décapité l'une des épouses de Henry VIII ?

– Exact, répondit M. Hope. Nous allons pousser jusqu'à l'embarcadère de Westminster. Après la visite de Big Ben[3] et de l'abbaye Saint-Pierre, et peut-être aussi après avoir mangé une petite pizza, nous pourrons nous arrêter au retour.

– Adam ! s'indigna Emily. Tu as déjà faim, avec le petit déjeuner que nous avons pris ! Si tu continues, tu vas devenir aussi gras que la chienne de Mme Ponsonby.

– À propos de Mme Ponsonby, intervint

---

3. C'est la grande horloge de la tour du palais du Parlement, dans le quartier de Westminster. Son carillon est bien connu de tous les Britanniques. Big Ben est parfois considéré comme le symbole de Londres, ou même du Royaume-Uni tout entier, un peu comme la tour Eiffel pour Paris, voire la France.

la grand-mère de Cathy, elle a appelé hier soir chez Mac. J'ai l'impression qu'elle se sent un peu seule dans son hôtel. En tout cas, elle nous invite à déjeuner avec elle demain.

– Mais on devait visiter les écuries royales ! protesta Cathy. Papa a promis de nous y emmener.

En revenant du palais de Buckingham, la veille, James avait repéré une enseigne vantant les écuries royales, « les plus grandes écuries de Londres ». Elles étaient fermées le week-end, mais les trois enfants avaient insisté pour y retourner le lundi.

– Ne t'en fais pas, la rassura sa grand-mère. J'ai proposé que nous nous retrouvions pour un pique-nique au parc Saint James. C'est juste en face du palais.

– Très bien ! approuva James. Comme ça, Mme Ponsonby pourra faire faire un peu d'exercice à sa chienne.

Une demi-heure plus tard, ils se tenaient au pied de Big Ben. James prenait une photo.

– Maman, après l'abbaye, si on montait

dans la tour de la cathédrale de Westminster ? C'est dans Victoria Street, dans le quartier commerçant, dit Cathy tout en lisant le guide. On trouvera sûrement dans le coin un restaurant pour papa.

– Ma foi, si les Baxter sont d'accord..., répondit Mme Hope. Je ne pensais pas que tu t'enthousiasmerais à ce point pour les lieux touristiques, ma chérie.

Sur le chemin de la cathédrale, Cathy exposa son plan à James et à Casey.

– D'après le guide, on peut voir, du haut de la tour, jusque dans les jardins du palais de Buckingham, expliqua-t-elle avec un sourire malicieux. Avec un peu de chance...

– ... nous pourrons repérer le petit labrador d'hier, acheva James en balançant ses jumelles autour de son cou.

– Exactement !

Ils atteignirent bientôt la cathédrale, séparée de la rue par une large esplanade pavée. Mme Hope posa un doigt sur ses lèvres quand ils franchirent les lourdes portes : une messe était en cours.

Ils marchèrent sans bruit jusqu'à l'ascenseur.

– Ça, c'est ce que j'appelle un ascenseur anglais, dit le Dr Baxter quand les portes s'ouvrirent. Il est deux fois plus petit que les nôtres ! On ne tiendra jamais tous à l'intérieur.

– Et si je commençais par emmener les gamins ? proposa le liftier.

– Bonne idée ! approuva aussitôt Cathy.

Elle préférait avoir quelques minutes de tranquillité sur la terrasse pour chercher le chien. La vue du haut de la tour était spectaculaire ! Elle n'en fut pas moins une grande déception pour eux.

– Ce grand immeuble de bureaux nous bouche la vue ! On pouvait peut-être apercevoir les jardins de Buckingham il y a dix ans, dit James en plissant les yeux derrière ses jumelles.

Cathy soupira. Elle ne distinguait que le sommet doré du monument de Victoria, qui se trouvait devant le portail du palais, et les arbres verdoyants du parc Saint James. Brusquement, un mouvement de foule attira son attention. Des touristes affluaient sur l'esplanade en contrebas, et une petite forme fluette bondissait autour d'eux.

– James ! Casey ! Regardez là, en bas, au milieu des gens, s'exclama-t-elle. Je crois que c'est notre labrador !

– Où ça ? demanda Casey. Je ne vois rien… Attends une seconde ! Tu as raison, c'est lui !

– On dirait qu'il est en train de jouer avec quelqu'un, observa James. Ou peut-être de courir après les pigeons.

– Qu'est-ce qu'on attend ? Descendons l'attraper avant qu'il ne disparaisse encore une fois ! cria Cathy en se précipitant vers l'ascenseur. Vite !

Ils croisèrent les Baxter et les Hope au moment où ceux-ci sortaient de l'ascenseur.

– On a suffisamment admiré le paysage, lança Cathy à ses parents en s'engouffrant dans la cabine. On se retrouve en bas, devant la cathédrale.

– Eh bien ! s'étonna Mme Baxter. La vue n'est pas belle ou quoi ?

– Je vous expliquerai, promit Casey.

L'ascenseur descendait avec une lenteur exaspérante.

– Allez, allez ! gémit impatiemment Cathy. Plus vite ! Il va encore nous filer sous le nez !

Quand ils purent enfin sortir, ils traversèrent la cathédrale au pas de course, puis débouchèrent sur l'esplanade.

– Oh, non ! s'écria James avec dépit. Où est-il passé ?

Les touristes s'égaillaient en direction de la rue. On ne voyait aucun signe du petit chien parmi eux.

– Là ! dit soudain Casey. De l'autre côté de la rue !

Elle s'élança à travers l'esplanade et déboucha sur la rue, juste devant un taxi. Il y eut un crissement de freins, suivi d'un choc.

– Casey ! hurla Cathy.

Elle se précipita auprès de son amie :

– James, remonte chercher le Dr Baxter !

5

En tentant d'éviter le taxi, Casey était tombée à la renverse. Étendue sur la chaussée, elle essayait maintenant de se redresser sur un coude.

– Ne bouge surtout pas ! lui enjoignit Cathy en s'agenouillant à côté d'elle. Reste là.

Elle savait que, en cas d'accident, il ne faut jamais déplacer un blessé avant qu'il n'ait pu être examiné par un médecin. On risque d'aggraver ses blessures.

Le chauffeur jaillit de son taxi, aussi pâle que Casey.

– Elle n'a rien? demanda-t-il anxieusement. Elle n'est pas blessée?

– Je ne crois pas, dit Cathy.

Elle ôta son blouson, le plia en quatre et le glissa doucement sous la tête de son amie. Casey était blanche comme un linge et frissonnait un peu. Elle était sous le choc.

– Que s'est-il passé? fit-elle d'une voix pâteuse.

– Tu as eu un petit accrochage avec un taxi londonien, expliqua Cathy avec un sourire. Reste allongée un moment.

– Je ne pourrais pas plutôt m'installer sur le trottoir? protesta faiblement Casey. Je me sens comme une idiote, en plein milieu de la rue.

– Je crois qu'il vaut mieux attendre tes parents. James est parti les chercher, ton père ne va plus tarder. Il est médecin, précisa-t-elle à l'intention du chauffeur du taxi.

– Bon, elle sera entre de bonnes mains, répondit ce dernier en s'essuyant le front. Quelle frayeur!

Les parents de Casey accoururent, suivis

de James et des Hope. Le Dr Baxter fendit la foule et s'accroupit à côté de sa fille. Il la palpa de la tête aux pieds tout en lui parlant d'une voix calme et rassurante. Mme Baxter, au bord des larmes, s'agenouilla, et se mit à lisser machinalement les cheveux de sa fille.

Cathy s'écarta discrètement. Elle avait fait de son mieux. Désormais, Casey et ses parents avaient besoin d'intimité.

D'une voix polie mais ferme, M. Hope fit reculer les curieux en leur demandant de laisser la famille tranquille.

– C'est bien, ma chérie, dit la mère de Cathy en la serrant dans ses bras. Tu as réagi exactement comme il fallait.

– Ça va aller, tu crois ? demanda James.

Cathy, la gorge nouée, se contenta de hocher la tête. Puis elle se souvint de la raison qui avait poussé Casey à se précipiter ainsi à travers la rue. Elle regarda sur le trottoir d'en face. Le chiot avait disparu !

James suivit son regard.

– Je vais jeter un coup d'œil, proposa-t-il. Je ne sers à rien, ici, de toute façon…

– Merci, James.

Après un moment, le Dr Baxter aida Casey à se relever.

– Aussi incroyable que cela paraisse, elle n'a rien, déclara-t-il. Aucune fracture. Elle a juste eu très peur.

Cathy laissa échapper un soupir de soulagement.

– Dieu soit loué ! dit le chauffeur de taxi. Je suis vraiment désolé ! Elle a surgi devant moi au dernier moment. Elle n'est pas habituée à la circulation ?

– Hé ! Je vis à New York, protesta Casey d'une voix mal assurée. C'est juste qu'ici les voitures roulent du mauvais côté.

– Allons tous boire un thé bien chaud, puis nous rentrerons directement à Greenwich, décida Mme Baxter. Nous avons eu suffisamment d'émotions pour la journée.

Au même instant, Cathy aperçut James qui revenait à grands pas. Elle leva un sourcil interrogateur, mais il secoua la tête.

– À nous, maintenant ! annonça la mère

de Cathy en les dévisageant d'un air sévère. J'aimerais bien savoir ce que vous étiez en train de fabriquer tous les trois ? Pourquoi Casey a-t-elle traversé la rue aussi précipitamment ?

Cathy et James échangèrent un regard gêné, puis baissèrent la tête.

– Nous avons aperçu le petit chien d'hier depuis le haut de la tour, expliqua finalement Cathy. Casey l'a vu partir sur le trottoir d'en face, et a voulu le rattraper.

Mme Hope soupira :

– Cette histoire de chien est une obsession ! Casey aurait pu se faire tuer !

– Londres est une ville immense, ajouta gravement M. Hope. Nous ne pouvons pas passer tout le séjour à chercher un chien perdu. Autant essayer de trouver une aiguille dans une meule de foin ! Je suis sûr que quelqu'un le récupérera et le conduira à la police. Alors, plus d'imprudences, d'accord ?

– Entendu, concéda Cathy de mauvaise grâce.

6

– Comment te sens-tu ? demanda Cathy à Casey le lendemain matin au petit déjeuner.

– Oh, ça va. J'ai juste un bleu de la taille d'un ballon de foot sur les fesses. Je suppose que vous n'avez pas retrouvé le chien ?

– Non, répondit James en dépliant sa serviette.

– Quelqu'un finira bien par le recueillir, fit Casey avec confiance.

– Sauf s'il se fait écraser avant ! objecta sombrement Cathy. Et que va-t-il manger ? Où va-t-il dormir ?

James plongea la cuillère dans son bol de céréales :

– Je te parie qu'il a déjà trouvé quelqu'un pour s'occuper de lui ! Il est tellement mignon ! De toute façon, on ouvrira l'œil ce matin pendant la visite des écuries royales. Tu nous accompagnes, Casey ?

– Non, il faut que je me repose, répondit Casey d'un air maussade. Papa m'a interdit de sortir pendant un jour ou deux.

Les écuries royales se dressaient derrière le palais de Buckingham, à quelques rues à peine de la cathédrale de Westminster. Cathy et James purent y admirer les splendides chevaux d'attelage de la reine.

Les deux amis en profitèrent pour enquêter discrètement. Ils interrogèrent des palefreniers. Mais aucun d'entre eux n'avait entendu parler d'un chiot égaré.

Vers midi, ils traversèrent le boulevard et pénétrèrent dans le parc Saint James, où Dorothy Hope, Mlle Davy, Mme McFarlane et Mme Ponsonby les attendaient pour le pique-nique. Au centre, un petit lac, enjambé par un pont, scintillait au soleil. Quelques canards et deux cygnes au port majestueux passaient et repassaient paresseusement sous le pont.

– On se croirait à la campagne ! dit Cathy.

En approchant du kiosque à musique, Cathy entendit une voix familière.

– ... alors, j'ai dit au directeur de l'hôtel que ma Pandora était extrêmement bien élevée, pérorait Mme Ponsonby. Je l'ai dressée moi-même ! Il n'y avait aucune raison de lui refuser l'accès à la salle à manger.

Mme Ponsonby était assise sur un transat à l'ombre d'un bosquet, près de la grand-mère de Cathy.

Mlle Davy et Mme McFarlane étaient en train de disposer le pique-nique sur une grande couverture à carreaux. Pandora, la petite chienne pékinoise de Mme Ponsonby, louchait sur la nourriture en salivant.

– Bonjour ! dit Cathy en s'agenouillant sur la couverture. Ça a l'air délicieux !

– Ah, bonjour, ma chérie ! soupira sa grand-mère avec un soulagement évident. Vous avez passé une bonne matinée ? Je commençais à trouver le temps long…

– Tiens, Cathy et James ! Bonjour, les enfants ! Et le reste de la famille est là aussi, à ce que je vois, dit Mme Ponsonby.

Elle les accueillit avec un sourire gracieux et un petit geste de la main.

– Alors, qu'avez-vous fait pendant que nous admirions les chevaux de la reine ? voulut savoir le père de Cathy.

– Nous avons passé une excellente matinée au Musée maritime, répondit Mlle Davy. C'était très intéressant.

Soudain, Cathy se figea, son œuf dur à mi-chemin de la bouche.

– James ! dit-elle tout bas. Regarde par là ! Et ne fais pas de bruit !

James reposa le paquet de chips qu'il s'apprêtait à ouvrir et tourna la tête dans la direction indiquée. Derrière le platane sous lequel ils étaient assis, une petite tête curieuse pointait le bout du museau. Une tête brun chocolat, aux oreilles rabattues et aux yeux noirs brillants…

– C'est notre labrador ! chuchota Cathy avec excitation.

Se voyant repéré, l'animal se cacha. Puis il réapparut et lorgna avec avidité une assiette de saucisses.

– Il a l'air beaucoup plus nerveux que l'autre jour, murmura Cathy à James.

Elle l'observait du coin de l'œil. Il semblait amaigri, et son pelage était crasseux. De toute évidence, il avait vécu des moments difficiles. D'un geste aussi naturel que possible, elle rapprocha l'assiette.

C'était sans compter Pandora. Constatant que son déjeuner lui filait sous le nez, la chienne poussa un grondement de gorge et s'élança. Le labrador choisit le même moment pour sortir de sa cachette. Lui et Pandora se retrouvèrent face à face. Furieuse, cette dernière lâcha une bordée de jappements aigus.

Mme Ponsonby se redressa immédiatement sur son transat pour voir ce qui se passait.

– Pandora ! Mon trésor ! glapit-elle.

C'en était trop pour le pauvre labrador. Il fit volte-face et détala.

Cathy bondit sur ses pieds.

– Viens, James ! s'écria-t-elle en s'élançant à sa poursuite. Il ne faut surtout pas qu'il se sauve, cette fois !

Le chiot fila vers l'immense portail en fer forgé, au-delà duquel s'écoulait un flot de voitures. Il allait se faire écraser !

James tenta de couper la route au fugitif en décrivant un cercle par la gauche, mais c'était peine perdue. L'animal était trop rapide. Les deux enfants n'avaient aucune chance de le rattraper.

Remarquant quelques personnes qui flânaient aux abords du portail, Cathy cria :

– Arrêtez ce chien !

Personne ne l'écouta.

Et puis, alors que le petit labrador était sur le point de franchir les grilles, un groupe de touristes s'arrêta à l'entrée. En rangs serrés, dos au parc, ils discutaient bruyamment tout en prenant des photos du palais royal.

L'issue était bloquée.

– Ouf ! soupira Cathy.

Le labrador dérapa sur ses grosses pattes et s'immobilisa, langue pendante.

Cathy piqua un sprint.

– Je te tiens ! s'écria-t-elle en jetant ses bras autour du chiot.

7

Adam Hope, qui venait d'examiner le chiot, se releva.

– Ma foi, il n'est pas en mauvaise forme pour un chien qui vit dans la rue depuis plusieurs jours, déclara-t-il. Ce petit mâle va plutôt bien.

– Que va-t-on faire de lui ? s'inquiéta James.

– Pourquoi ne pas appeler la RSPCA[4] ?

4. Royal Society for the Prevention of Cruelty to Animals, ou Société royale de protection des animaux, équivalent britannique de la SPA.

Ils pourront lui faire subir un examen complet et l'adresser à un refuge pour animaux, où on vérifiera s'il a une puce électronique.

Il était beaucoup plus facile de restituer un chien à son propriétaire quand il avait une puce électronique implantée dans le gras du cou.

– Et si nous l'emmenions directement à un refuge ? proposa Cathy. Ils ont sûrement un vétérinaire sur place. Et comme il nous connaît déjà, il aura moins peur.

– Je peux vous accompagner ? s'exclama Eileen Davy avec enthousiasme. Cela fait si longtemps que j'ai envie de visiter un refuge pour animaux ! Depuis que j'ai vu un reportage à la télévision.

– D'accord ! capitula M. Hope en levant les mains. Je cède devant le nombre. En route pour le refuge le plus proche ! Il suffira de demander l'adresse à un taxi. Je suis sûr que ta mère et ta grand-mère ne nous en voudront pas de les laisser faire les boutiques toutes seules.

– Je vois clair dans ton jeu, Adam Hope ! lança Emily en riant. Tu ferais n'importe quoi pour échapper à un après-midi de shopping…

Ils trouvèrent assez rapidement un taxi et s'y engouffrèrent. Cathy s'assit au côté de James et de Mlle Davy, à l'arrière, tandis que M. Hope s'installa devant. Blotti entre les deux enfants sur la banquette, le chiot sommeillait, la tête posée sur les pattes.

– Casey va être furieuse d'avoir manqué ça, dit Cathy.

– On lui racontera tout, dit James en caressant le labrador. Dis donc, il faudrait lui donner un nom. Que penses-tu de Brownie ? Il me rappelle tellement Blackie quand il était petit !

Cathy sourit :

– Brownie, c'est super !

Le taxi arriva bientôt devant le refuge pour animaux. M. Hope régla la course et tous descendirent. Alors qu'ils portaient le chiot vers le portail, le malheureux jetait des regards nerveux autour de lui, sursautant au moindre coup de klaxon.

– C’est fou ce qu’il est craintif, fit observer Cathy. Je me demande ce qui a pu lui arriver.

– Craintif? fit Mlle Davy. Ce chien est tout simplement mort de peur!

Ils furent reçus par la directrice du refuge, Penny Dickson.

Cathy et James lui racontèrent dans quelles circonstances ils avaient trouvé le chiot. Après avoir rempli un formulaire d’admission, la jeune femme regarda le labrador d’un air songeur.

– Apparemment, il n’a pas été maltraité.

Elle consulta son registre et secoua la tête:

– Personne n’a signalé la perte d’un labrador. Voyons s’il porte une micropuce.

Elle passa un lecteur électronique sur la nuque de Brownie.

– Non, rien du tout, dit-elle.

– Et si le propriétaire n’appelle pas? demanda James.

– Nous le garderons ici une semaine, répondit la directrice.

Elle fixa au cou de Brownie un collier avec une plaque d’identification.

– Si d'ici là personne ne s'est manifesté, il sera transféré au service des adoptions, qui essaiera de le placer.

– Mon pauvre Brownie ! fit Cathy. Je ne peux pas croire que ton maître t'ait abandonné.

– Ne t'inquiète pas, Cathy, la rassura Mme Dickson. Nous allons bien nous occuper de lui. Nous lui trouverons une famille qui sera heureuse de l'accueillir. Il ne restera pas longtemps au refuge, j'en suis sûre.

Elle accrocha une laisse au collier du chiot et se leva.

– Et maintenant, Brownie, allons découvrir le chenil. Le vétérinaire viendra t'examiner plus tard. Il est en train de faire sa ronde pour l'instant.

– On peut venir aussi ? demanda Cathy.

Elle s'était attachée à ce chien dès l'instant où elle avait posé les yeux sur lui. Elle était certaine que James ressentait la même chose. La séparation ne serait pas facile.

– Bien sûr ! Venez tous les quatre, j'en profiterai pour vous présenter nos autres chiens. Et nos chats, qui sont beaucoup plus discrets...

À l'approche du chenil, ils furent accueillis par un concert d'aboiements. Ils pénétrèrent dans une pièce remplie de cages. Une cinquantaine de chiens de toutes les tailles et de toutes les races y étaient enfermés. Certains se jetaient contre le grillage et jappaient furieusement. D'autres restaient silencieux et levaient des yeux craintifs sur les visiteurs. Voyant que Brownie tremblait de peur, la jeune femme le prit dans ses bras et le porta jusqu'à une cage vide.

– Ce sont les chiens qu'on nous a amenés aujourd'hui, dit-elle en leur montrant des cages. L'été est une grosse période pour nous. Les gens qui n'ont pas envie d'emmener leurs bêtes ni de les faire garder pendant les vacances les abandonnent.

– C'est horrible ! s'écria Cathy.

Comme Brownie commençait à se débattre, Mme Dickson le tendit à Cathy et lui demanda :

– Tu veux le mettre dans son panier ? Il a plus l'habitude d'être dans tes bras que dans les miens.

Elle ouvrit la porte de la cage et s'écarta. Cathy déposa délicatement le chiot à l'intérieur. James s'agenouilla à côté d'elle, donna une dernière caresse à Brownie, puis le prit en photo pour son album.

– Et voilà, Brownie, fit Cathy en arrangeant la couverture dans son panier.

Une grosse boule se forma dans sa gorge. Elle embrassa le front soyeux et murmura :

– Heureuse d'avoir fait ta connaissance. Au revoir, et bonne chance !

La directrice referma la cage :

– Passez-moi un coup de fil dans quelques jours pour savoir s'il y a du nouveau. Je suis sûre que nous n'aurons aucun mal à lui trouver des maîtres. Plein de gens veulent prendre un chiot, en particulier quand il est de pure race. C'est un peu injuste, d'ailleurs. Nous avons de vieux bâtards qui feraient de merveilleux animaux de compagnie.

Elle les introduisit dans la pièce appelée « service des adoptions ».

– Tous les chiens qui sont là attendent d'être adoptés, leur cria-t-elle par-dessus les aboiements. Nous les gardons aussi longtemps qu'il le faut.

Bergers allemands, terriers, lévriers et bâtards de toutes sortes se pressaient contre le grillage pour voir passer les visiteurs. La plupart aboyaient en agitant furieusement la queue.

– Comment les gens réussissent-ils à choisir? demanda Cathy. Ils sont tous adorables!

Ils passèrent de cage en cage.

– Parfois, je me dis que ce sont les chiens qui choisissent leurs maîtres, avoua la jeune femme. On dirait qu'une sorte de courant s'établit entre eux.

– Ce doit être déprimant de voir arriver chaque jour d'autres animaux abandonnés.

– Oh, il y a aussi de bons moments. Quand un de nos pensionnaires repart tout joyeux en compagnie d'un nouveau maître, par exemple. Cela dit, si tu voyais l'état dans lequel on nous en amène, quelquefois… Ça me met hors de moi. Et puis, il y a ceux qui sont comme ce vieux Spike, là.

Elle indiquait un grand chien gris roulé en boule dans son panier. En les entendant venir, il ouvrit un œil mais ne bougea pas.

– C'est le plus gentil chien qu'on puisse imaginer, expliqua Mme Dickson. Mais il est trop vieux. Personne ne veut l'adopter, et il est condamné à rester ici.

– Je ne supporte pas ce genre d'attitude, s'emporta Mlle Davy. C'est la même chose avec les gens. Une fois que vous avez passé un certain âge, on dirait que vous n'êtes plus bon à rien. Regardez-moi cette brave bête, elle a encore tellement de choses à offrir !

Spike dressa les oreilles et leva la tête vers elle. Puis, lentement, il entreprit de se mettre debout.

– Tiens ! s'étonna la directrice. C'est rare qu'il se donne cette peine.

Spike s'extirpa de son panier et vint gratter à la porte de sa cage.

– Il n'aurait pas du sang de lévrier ? demanda James. Avec des pattes aussi fines, ça doit être un sacré coureur !

La jeune femme était trop captivée par le

comportement de Spike pour répondre. Le chien s'était assis derrière la porte de sa cage. Il fixait intensément Eileen Davy tout en battant de la queue. Puis il aboya et se tourna vers Penny Dickson.

– Eh bien ! fit cette dernière, abasourdie. Que dites-vous de ça ?

– Vous voulez bien le faire sortir une seconde ? demanda Cathy, mine de rien. Pour une fois qu'on s'intéresse à lui…

Une idée germait dans son esprit.

– Pourquoi pas ? répondit Penny.

Elle ouvrit la porte de la cage.

Spike se précipita dehors et alla droit vers Mlle Davy. Il pressa sa tête contre la jupe plissée de la vieille dame, sur laquelle il laissa quelques poils clairs.

Puis il s'assit face à elle et lui tendit la patte.

– Oh, il est adorable ! s'extasia Cathy. Il vous a adoptée, Mademoiselle Davy.

– Indiscutablement, approuva Penny Dickson. C'est la première fois que je le vois se comporter comme ça.

Eileen Davy prit la patte de Spike et plongea ses yeux dans les siens.

– Je vois bien ce que tu as derrière la tête, Cathy, dit-elle doucement. Mais je crains de te décevoir. On n'adopte pas un chien sur un coup de tête. C'est un engagement sérieux, tu sais !

– Oh, il serait si heureux..., commença Cathy.

Mais son père l'interrompit. Il posa fermement les mains sur ses épaules.

– Mlle Davy a raison, Cathy. Sans parler de toutes les difficultés pratiques ! Je te rappelle que nous sommes en vacances. Il est temps de partir, maintenant.

Cathy, le cœur serré, vit la directrice du refuge pousser Spike dans sa cage. Le chien les suivit du regard. Quand ils sortirent en refermant la porte derrière eux, il poussa un aboiement malheureux.

8

Ils gardèrent le silence tout le long du trajet jusqu'à l'hôtel. Mlle Davy regardait le paysage défiler derrière la vitre, Adam Hope somnolait, et James lisait son guide.

Cathy ferma les yeux et se perdit dans ses pensées. Quand le train s'arrêta en gare de Greenwich, elle avait réussi à se persuader que tout finirait par s'arranger pour Brownie, et même pour Spike.

Ils retrouvèrent Casey dans le jardin de l'hôtel.

– Tu ne devineras jamais ce qui s'est passé ! lança Cathy.

Casey reposa son livre.

– Le dôme du Millénaire a été arraché par le vent ? On a pris un requin dans la Tamise ?

– Nous avons retrouvé le chiot ! annonça James sur un ton triomphal. Au parc, pendant le pique-nique.

Il s'assit à côté d'elle sur le banc.

– C'est super ! s'exclama Casey.

– Cette fois, nous sommes arrivés à l'attraper, et nous l'avons emmené directement à un refuge pour animaux, poursuivit James en souriant. Ils vont se renseigner pour voir si quelqu'un le cherche. Sinon, ils lui trouveront de nouveaux maîtres. On lui a même donné un nom : Brownie.

– Maman et Mamy aussi sont parties faire des courses avec Mme McFarlane, dit Cathy en consultant sa montre. Elles ne sont pas encore revenues ?

– Non, il n'y a personne ici, à part Mac et nous. Mac est dans la cuisine, je crois. Mais écoutez, vous ne savez pas le plus beau : mon père a déclaré que je pouvais sortir. Je vais pouvoir vous accompagner au dôme du Millénaire demain.

– Génial ! dit James. J'ai hâte d'y être.

Soudain, son visage se renfrogna.

– Tu te rends compte, Cathy, plus que deux jours de vacances ! C'est passé tellement vite !

– C'est vrai, dit Cathy.

Elle parcourut d'un regard mélancolique le petit jardin ensoleillé. En quelques jours, ce décor chaleureux lui était devenu aussi familier que si elle y avait habité depuis toujours, et elle n'avait pas du tout envie de le quitter.

9

Le lendemain matin, Cathy fut réveillée par un bruit étrange qui provenait du rez-de-chaussée. Comme sa grand-mère dormait encore, Cathy s'habilla en silence et quitta la chambre à pas de loup.

Une surprise l'attendait dans le hall. Mac avait déplacé un portemanteau pour installer la cage du jacquot près de l'entrée, devant une fenêtre donnant sur la rue.

– Le soleil a mis son chapeau, chantait fièrement Sinbad, hip, hip, hip, hourra ! Le soleil a mis son chapeau.

– Bonjour, Sinbad, lui dit Cathy à travers les barreaux de la rampe. Tu es bien joyeux, aujourd'hui !

– Il est beaucoup mieux ici, expliqua Mac, qui arrivait du salon. Il peut voir tout ce qui se passe dehors. Le facteur et lui sont déjà de grands amis.

Emily Hope descendit l'escalier à son tour.

– Bonjour ! lança-t-elle à la cantonade. Qu'y a-t-il au menu, ce matin ?

– Des gaufres, répondit Mac. D'ailleurs, il faut que je retourne à la cuisine. Elles ne vont pas se cuire toutes seules !

– Ça me manquera, de ne plus me faire préparer le petit déjeuner ! soupira Mme Hope en prenant Cathy par les épaules. Dis donc, toi, tes soucis sont enfin terminés. Maintenant que vous avez retrouvé votre chien, tu vas pouvoir te détendre et profiter du séjour. Aujourd'hui, c'est la visite du dôme. J'ai hâte de voir à quoi ressemble l'intérieur !

Le dôme du Millénaire se présente comme une vaste coupole futuriste hérissée d'antennes. Construit au bord de la Tamise, il accueille plusieurs espaces d'exposition autour d'une grande arène centrale. Une file interminable de visiteurs s'étirait devant chaque guichet. Il aurait fallu faire la queue pendant des heures pour visiter toutes les expositions, et Cathy et les autres durent faire des choix.

À l'entrée de l'espace de l'Esprit, où James voulait voir les ordinateurs, ils s'arrêtèrent brièvement auprès de la statue géante d'un petit garçon accroupi. James demanda à tout le monde de se regrouper devant et prit une photo.

Dans celle du Travail, ils découvrirent avec ahurissement un baby-foot géant, autour duquel des dizaines de personnes pouvaient prendre place.

– C'est dingue ! s'exclama James. Les joueurs ont drôlement intérêt à se mettre d'accord s'ils veulent avoir une chance de pousser la balle au fond du trou !

Le père de Cathy lui fit un clin d'œil.

– Le but est d'encourager le travail

d'équipe. Il y a un message dans cette exposition, vois-tu !

Ils firent ainsi le tour des expositions, au-dessus desquelles planait un drôle de dirigeable en forme de poisson rouge et bleu.

À un endroit, une souris géante se dressait au milieu des visiteurs sur ses pattes de derrière. Casey la désigna à Cathy d'un coup de menton.

– Encore un animal qui a perdu son maître ? demanda-t-elle avec malice.

– Sûrement pas, pouffa Cathy. Elle joue à cache-cache avec le petit garçon de tout à l'heure. C'est pour ça qu'il est accroupi !

Plus loin, James fut fasciné par une machine à fabriquer des crayons. On y introduisait des gobelets usagés, et ils ressortaient à l'autre bout, recyclés, sous la forme d'une interminable saucisse de graphite et de plastique. Il ne restait plus qu'à en découper des segments et à les faire refroidir pour obtenir des crayons à papier flambant neufs !

Ils virent aussi des mannequins avec des têtes en forme d'horloge, des danseurs et des acrobates suspendus à des câbles et à des ballons, et bien d'autres choses encore.

Ils quittèrent le dôme légèrement étourdis, fatigués d'avoir marché et fait la queue, mais très satisfaits de leur visite.

10

– Où voulez-vous aller, pour notre dernier jour à Londres ? demanda Adam Hope le lendemain matin au petit déjeuner.

– Dommage que le temps soit couvert, dit la grand-mère de Cathy. C'est cet après-midi que Mme Ponsonby se rend à son fameux goûter au palais. Espérons que la pluie n'abîmera pas son beau chapeau, sinon, nous n'avons pas fini d'en entendre parler !

– Pourquoi ne pas faire un tour de Londres en bus ? suggéra James. J'ai lu dans mon guide que des circuits spéciaux étaient proposés aux touristes. On monte et on descend quand on veut, et comme ça on peut découvrir tous les endroits célèbres.

– Moi, je vote pour, déclara Emily Hope. J'en ai assez de la marche à pied ! Une promenade en bus, c'est exactement ce qu'il me faut.

– Moi aussi, fit Cathy. Et si on y allait tous ? Je suis sûre que Casey et ses parents aimeraient venir. Nous pourrions aussi demander à Mlle Davy et à Mme McFarlane. Et ce soir, nous irions dîner tous ensemble. Qu'en dis-tu, Mamy ?

– J'en dis que l'année prochaine, c'est James et toi qui organiserez le séjour ! s'esclaffa sa grand-mère. Ça me semble parfait, ma chérie. Je vais tout de suite en parler à mes copines. Je suis certaine qu'elles seront enchantées !

Bientôt, tout le monde se retrouva installé en haut d'un bus à étage londonien. Le soleil perçait timidement à travers les nuages.

– Où sommes-nous ? fit Casey alors

qu'ils approchaient de la place de Trafalgar Square. Qu'est-ce que c'est que ce grand pilier là devant ?

– La colonne de Nelson, répondit James. J'aimerais descendre et prendre des photos des lions en pierre.

– Je te suis, dit Cathy.

Elle se leva de son siège tandis que le bus s'immobilisait.

En fin de compte, tout le monde descendit voir les lions. Des nuées de pigeons volaient autour, et Cathy aperçut même deux mouettes qui décrivaient des cercles au-dessus des fontaines. Après avoir pris quelques photos, James décida de rassembler le groupe pour immortaliser cet instant.

– Monsieur Hope et Monsieur Baxter, mettez-vous debout derrière les autres, ordonna-t-il. Casey et Cathy au milieu, s'il vous plaît, et les autres tout autour.

– Tu préfères que je garde ma casquette ou que je l'enlève ? demanda Casey.

– C'est mieux sans, décida James en regardant dans son viseur.

Mais au lieu d'appuyer sur le déclencheur, il baissa son appareil. Il fixait quelque chose derrière eux avec de grands yeux ébahis.

– Allez, James, lança impatiemment Cathy, on ne va pas y passer la journée !

Mais le jeune garçon restait immobile, incapable de détacher son regard de la fontaine de l'autre côté de la place.

– Je n'arrive pas à le croire ! murmura-t-il.

Cathy se retourna. Ce n'était pas possible ! Et pourtant, si. Là, sous leurs yeux, le petit labrador s'ébattait joyeusement dans la fontaine.

– Brownie ! s'exclama-t-elle avec incrédulité.

– Cette fois, je veux le voir de près ! déclara Casey.

Elle partit à grands pas en direction de la fontaine.

– Attention à ne pas l'effrayer, l'avertit Cathy en lui courant après.

Le chien bondissait dans l'eau peu profonde. Il projetait des gouttelettes dans tous les sens, aspergeant le groupe de touristes qui le regardait. Tout le monde lui adressait de grands sourires, les appareils photo crépitaient.

– Viens, mon beau, l'appela Casey. Au pied, Brownie.

À la stupéfaction de Cathy, le chiot obéit aussitôt. Il sortit de la fontaine et s'ébroua, éclaboussant tout sur son passage.

Casey lui ébouriffa la tête.

– Tu n'as pas peur de moi, on dirait. Tu es tellement mignon ! Même si tu m'as mouillée de la tête aux pieds.

– Vous devriez le tenir en laisse, jeta une vieille dame d'un air sévère. Il pourrait mordre quelqu'un.

– Il n'est pas à nous…, commença Cathy.

Mais la vieille dame s'éloignait déjà.

À cet instant, les Hope et les Baxter arrivèrent, suivis de Mlle Davy et des autres.

– Prête-moi ta cravate, s'il te plaît, Papa, dit Casey à son père. Il faut quelque chose pour le tenir en laisse.

– Comment ce coquin est-il arrivé ici ?

s'exclama M. Hope. La dernière fois que nous l'avons vu, il était dans une cage !

– Il a dû réussir à se sauver, dit Cathy en s'accroupissant à côté de Casey.

– Penny Dickson doit se faire du souci. Venez, on le ramène, fit Mlle Davy.

Sur quoi, elle partit aussitôt chercher un taxi.

– Et notre promenade ? protesta Mme McFarlane.

– Continuez sans nous, répondit Adam Hope. Je propose qu'on se retrouve au parc Saint James avant d'aller déjeuner. Disons, à treize heures ?

– Ma foi, conclut le Dr Baxter, si cela ne vous ennuie pas de veiller sur notre fille... Prends bien soin de ma cravate, hein, Casey ! C'est ma préférée.

Mlle Davy trouva un taxi, et tout le monde se serra à l'intérieur. Le chien suivit Casey, apparemment très content de les accompagner. Il grimpa dans la voiture sans faire de difficultés.

Le chauffeur leur jeta un regard noir.

– Cinq passagers, c'est le maximum légal, grommela-t-il par-dessus son épaule. Et encore, je ne compte pas le chien ! Il n'a pas intérêt à abîmer mes sièges.

– Viens, Brownie, murmura Cathy en le prenant sur ses genoux.

Elle frotta sa joue contre sa bonne tête brune et le maintint fermement.

11

– C'est quand même curieux, déclara Cathy alors qu'ils attendaient Penny Dickson dans le hall d'accueil du refuge.

Elle observait depuis un moment le labrador, très occupé à renifler un bout de carrelage derrière la chaise de Casey.

– Tu l'as dit ! approuva James. Je n'arrive toujours pas à comprendre comment il a fait tout ce chemin jusqu'à Trafalgar Square. C'est de l'autre côté de la Tamise !

– Surtout sans se faire attraper ni renverser par une voiture, ajouta le père de Cathy.

– Il y a autre chose, insista Cathy. Il a changé : il est moins craintif, plus joueur… Il s'est laissé prendre sans histoires, contrairement à la dernière fois.

– C'est ma présence qui le rassure, plaisanta Casey. Je fais souvent cet effet-là.

Avant que Cathy pût répliquer, la directrice fit son apparition.

– Tiens, bonjour, dit-elle. Vous êtes venus voir Brown… ?

Découvrant le labrador, elle poussa une exclamation de surprise.

– C'est… c'est impossible !

– C'est aussi ce qu'on se disait ! lança Cathy. On vient juste de le trouver dans la fontaine de Trafalgar Square.

– Mais…, bredouilla la jeune femme. Je viens de passer devant sa cage, il était en train de dormir.

Elle examina le chiot de la tête aux pieds et lui administra une petite tape.

– Eh bien, annonça-t-elle avec un grand sourire, ce petit coquin n'est pas Brownie.

Ils la dévisagèrent avec des mines perplexes.

– Venez, nous allons l'inscrire, poursuivit-elle. On lui donnera un collier avec son propre numéro.

– Vous croyez que Brownie et lui sont de la même portée ? demanda Cathy. Car ils ont le même âge, la même couleur…

– C'est probable, en effet. J'avoue que ça me dépasse. Manifestement, ils étaient bien soignés, bien nourris… Et pourtant, personne ne les a réclamés. C'est un mystère. Enfin…

Ils s'enfoncèrent dans un couloir à sa suite.

– On pourrait l'appeler Nelson, proposa James. C'est près de la colonne de Nelson que nous l'avons trouvé. Qu'en pensez-vous ?

– Super ! s'écria Cathy.

Le petit chien bondissait autour d'eux, la truffe collée au sol en quête d'odeurs intéressantes.

– Va pour Nelson, conclut Casey.

Dès qu'il aperçut Nelson, Brownie se jeta contre la porte de sa cage et gratta furieusement le grillage.

Quand Penny Dickson ouvrit la cage et déposa le deuxième chiot, les labradors se jetèrent l'un sur l'autre. Ils firent mine de se battre et roulèrent au sol en grognant.

– Eh bien, ils ont l'air contents de se voir, ces deux-là ! dit Casey en regardant les chiots chahuter.

– Je vous appellerai pour vous donner des nouvelles, promit la directrice en verrouillant la cage. Quand partez-vous ?

– Demain matin, répondit Cathy. Et Casey et ses parents, après-demain.

Elle regarda une dernière fois les deux chiots, qui s'étaient blottis l'un contre l'autre sur la couverture.

– On va s'occuper d'eux, ne t'en fais pas, la rassura la jeune femme.

Elle s'apprêtait à les raccompagner quand Mlle Davy s'éclaircit la voix :

– En fait, il reste une petite chose à régler.

Tout le monde se tourna vers elle.

– Je ne voudrais pas vous retarder, poursuivit-elle en prenant une grande inspiration, mais j'aimerais revoir Spike avant de partir.

– Oh, Mademoiselle Davy ! s'exclama Cathy. Vous voulez dire que...

– Mais oui, déclara Eileen Davy. J'ai bien réfléchi, et je voudrais lui offrir un foyer. Si Mme Dickson est d'accord, naturellement.

Avant que cette dernière pût répondre, Cathy se jeta dans les bras de Mlle Davy :

– Oh, c'est merveilleux ! Il sera très heureux avec vous, je suis sûre de ça ! On vous aidera à le promener, et Papa et Maman pourront s'occuper de lui s'il a le moindre souci...

– Pas si vite, Cathy, l'interrompit gentiment Mlle Davy. Mme Dickson a sûrement toutes sortes de questions à me poser. Je dois dire que, depuis l'autre jour, je n'arrête pas de penser à cette brave bête. C'est sans doute le destin qui m'a ramenée ici.

La directrice du refuge souriait, elle aussi :

– Vous avez raison, il y a certains détails que nous devons aborder. En tout cas, je suis ravie que vous ayez pris cette décision.

– C'est une excellente nouvelle, Eileen, approuva M. Hope.

– Ne vous attendez pas à repartir avec lui aujourd'hui, l'avertit Penny Dickson. Mais nous allons lancer la procédure. Retournons à mon bureau un moment, si vous voulez bien. Le temps de remplir les formulaires.

– Vous nous trouverez au café d'à côté, lança le père de Cathy à Mlle Davy. Après toutes ces émotions, j'ai envie d'une bonne tasse de thé !

Ils terminaient leurs boissons quand Mlle Davy les rejoignit. Elle semblait toujours aussi imperturbable. Pourtant, malgré ce calme apparent, Cathy sentit qu'elle était profondément émue.

– Une personne du centre viendra me rendre visite la semaine prochaine, annonça-t-elle. Si ma maison lui convient, je pourrai ramener Spike à Welford d'ici la fin du mois. Quant à mes poules, Penny pense que Spike les laissera tranquilles. C'est vraiment le plus adorable des chiens !

Adam Hope appelait le garçon pour régler les consommations quand Penny Dickson franchit en coup de vent la porte du café.

– Dieu merci, vous êtes encore là ! s'écria-t-elle.

Elle se laissa tomber sur la banquette.

– Je viens de recevoir un coup de téléphone d'une femme qui a perdu ses chiots – des labradors bruns. C'est sûrement la propriétaire de Nelson et Brownie ! Elle est en route, et elle voudrait vous parler. Vous avez le temps de l'attendre ?

– Oh, s'il te plaît, Papa, dis oui ! implora Cathy.

– Entendu, répondit Adam Hope en consultant sa montre. Au point où nous en sommes, autant aller jusqu'au bout de cette histoire. Seulement, les autres risquent de se faire du souci.

– Je vais retourner les prévenir, proposa Mlle Davy. Pour être franche, j'ai hâte de leur annoncer la bonne nouvelle.

Elle sortit du café et se mit en quête d'un taxi.

– La propriétaire des chiots habite près d'ici, expliqua Penny. Elle ne va pas tarder. Apparemment, c'est un écrivain célèbre. Son nom ne me disait rien, mais Jane, notre standardiste, l'a reconnu tout de suite.

Elle baissa les yeux sur la note griffonnée qu'elle tenait à la main :

– Comment s'appelle-t-elle déjà ? Ah oui : Laura Dawson.

– *Quoi ?* s'écrièrent James et Cathy en chœur. *La* Laura Dawson ?

– Il semblerait, dit la jeune femme avec un large sourire devant leurs mines ébahies. Jane dit que son fils l'adore. Il a tous ses livres.

– Laura Dawson ! fit Cathy, tout excitée. Elle a écrit plein de romans sur des animaux ! *Le Refuge des réprouvés,* la série des *Vies sauvages* et beaucoup d'autres.

– Ses livres sont vraiment super ! s'exclama Casey à son tour.

– Brillant auteur ou pas, observa Adam Hope, elle aurait bien besoin de quelques conseils sur la manière de s'occuper de ses chiens.

– Quand elle sera là, j'aurai quelques petites questions à lui poser, fit Penny Dickson. Si Nelson et Brownie sont bien ses chiens, elle peut s'estimer heureuse de les récupérer sains et saufs.

– Il y a certainement une explication ! affirma Cathy.

Laura Dawson était son auteur favori. Elle écrivait de si jolies choses sur les animaux !

12

Un quart d'heure plus tard, une femme mince à la mine anxieuse fit irruption dans le hall d'accueil du refuge. Les portes battantes claquèrent derrière elle.

Cathy, qui avait vu un jour sa photo sur une affiche dans une librairie, la reconnut aussitôt. Elle avait des yeux bleus perçants, la peau très claire et des cheveux sombres ramenés en arrière en une natte lâche.

– Je m'appelle Laura Dawson, déclara-t-elle à la réception. Je crois que vous avez mes chiots.

– Allez vous asseoir, je vous appelle quelqu'un tout de suite, répondit calmement la réceptionniste en décrochant son téléphone.

Laura Dawson s'approcha de la banquette où l'attendaient James, Casey, M. Hope et Cathy.

– Heu, Madame Dawson ? commença Cathy. C'est… c'est nous qui avons retrouvé vos chiens. Si ce sont bien les vôtres, je veux dire. Je m'appelle Cathy Hope, et voici mes amis Casey et James, et mon père…

Laura Dawson les salua chaleureusement l'un après l'autre :

– Je ne sais pas comment vous remercier ! Et, je vous en prie, appelez-moi Laura. J'étais folle d'inquiétude…

– Pourquoi n'avoir pas signalé leur disparition ? voulut savoir Cathy. Nous commencions à croire que personne ne viendrait les réclamer.

– Cathy ! s'écria James. Tu exagères !

– C'est seulement qu'il aurait pu leur arriver n'importe quoi, insista Cathy. C'est un miracle qu'ils n'aient pas été renversés par une voiture.

– Je viens à peine d'apprendre leur disparition ! protesta Laura Dawson. Je suis arrivée aussi vite que j'ai pu.

Cathy la dévisagea avec incrédulité. Comment était-ce possible ? Ils avaient aperçu Brownie pour la première fois samedi dernier, soit cinq jours plus tôt.

Penny Dickson les rejoignit dans le hall.

– Vous devez être Mme Dawson ? dit-elle un peu fraîchement. Si vous voulez bien m'accompagner, je vais vous conduire aux chiots.

Laura Dawson se dressa d'un bond :

– Bien sûr ! Oh, j'espère que ce sont bien les miens…

– Nous serons bientôt fixés.

– Peuvent-ils m'accompagner ? demanda Laura avec un geste en direction de Cathy et des autres. J'ai tellement de questions à leur poser !

– Je vais vous attendre ici, déclara Adam Hope. Inutile que nous soyons trop nombreux autour des chiens.

La directrice ouvrit la marche. Cathy, James, Casey et Laura Dawson lui emboîtèrent le pas.

– Comment se fait-il que vous appreniez leur escapade seulement aujourd'hui ? lui demanda Cathy en chemin.

– J'étais en tournée pour la promotion de mon dernier livre. Je viens à peine de rentrer, expliqua Mme Dawson. C'est ma femme de ménage qui s'occupait des chiots pendant mon absence. Elle a voulu leur donner un bain, et elle leur a retiré leurs colliers. Après le bain, elle les a laissés jouer dans le jardin pour qu'ils sèchent au soleil. Malheureusement, elle a mal refermé le portail, et les chiots se sont sauvés.

– Elle aurait pu vous appeler, s'étonna Casey. Ou signaler leur disparition à la police.

– Elle espérait qu'ils finiraient par revenir tout seuls, expliqua Laura. Comme ça, je n'aurais pas été au courant.

– Nous y voilà ! annonça Penny Dickson.

Ils entrèrent dans le chenil. Un concert d'aboiements et de gémissements salua l'arrivée des visiteurs.

Laura Dawson suivit la directrice jusqu'à la cage des chiots. Dès qu'ils l'aperçurent, ils poussèrent des jappements aigus et s'élancèrent contre la grille, visiblement impatients de lui faire la fête.

– Oh oui ! s'exclama-t-elle en s'accroupissant devant la cage. Ce sont les miens – Poppy et Paddington ! Dieu merci, ils vont bien !

Penny Dickson ouvrit la porte de la cage, et les deux chiots bondirent dans les bras de leur maîtresse.

– Ça suffit ! C'est bon ! s'esclaffa-t-elle tandis qu'ils lui léchaient chaque centimètre carré de visage.

Cathy, James et Casey échangèrent un sourire radieux. De toute évidence, ces chiots étaient bien à Laura Dawson. Et ils étaient très heureux de la retrouver.

– Mais où est Princesse ? demanda Laura en levant la tête vers la directrice du refuge tandis que les deux chiots chahutaient dans son giron. Vous l'avez mise ailleurs ? Cette cage était trop petite pour les trois ?

13

– Hein ? fit Penny Dickson. Qui est Princesse ? Ces deux-là sont les seuls labradors que nous ayons.

Cathy sentit son estomac se nouer. Laura devint livide. Elle balbutia :

– Mais… ils sont trois. Poppy, Paddington et Princesse. Vous ne les avez pas trouvés ensemble ?

– Non, répondit Cathy. On en a vu un samedi devant le palais de Buckingham, puis un deuxième dimanche, dans Victoria Street. C'était peut-être le même. Celui-là,

Brownie, nous l'avons attrapé lundi dans le parc Saint James.

– C'est Paddington, dit Laura en serrant dans ses bras le plus craintif des deux chiots. Donc, il était tout seul ?

– Oui. Nous avons trouvé l'autre ce matin, à Trafalgar Square. Au début, on a même pensé que c'était Brownie – je veux dire, Paddington. On ne savait pas qu'il y avait plusieurs chiots.

– Où diable a pu passer Princesse ? s'interrogea James.

– À nous de le découvrir ! déclara Cathy avec détermination. Poppy et Paddington sont tirés d'affaire – au tour de leur sœur, maintenant !

– Le problème, c'est de savoir quel chiot nous avons vu à chaque endroit, résuma Cathy.

Tout le monde était retourné au café pour discuter de la marche à suivre. Laura Dawson sirotait une tasse de thé. Paddington était couché à côté d'elle, la tête posée en travers de ses genoux. Poppy, installé sous la table, roulait sur le dos pendant que James lui grattait le ventre.

– Ils se ressemblent tellement ! poursuivit Cathy. C'était peut-être Princesse au palais de Buckingham, ou dans Victoria Street ?

– Examinons les faits, suggéra Casey.

Elle s'adressa à Laura Dawson :

– Les chiots se sont sauvés de chez vous samedi matin. Votre maison est à Victoria Square, c'est-à-dire juste derrière le palais. C'est bien ça ?

– C'est ça. Et nous sommes déjà mercredi ! Dire qu'ils sont dans la nature depuis tout ce temps !

– Oh, ces deux-là ne s'en sont pas trop mal sortis, observa M. Hope. Espérons que ce sera pareil pour la troisième.

– A-t-elle quelque chose de particulier, Madame Dawson ? demanda Cathy. Une marque distinctive ?

– Elle est un peu plus petite que ses frères, dit la jeune femme en caressant l'oreille de Paddington.

Elle réfléchit une seconde, puis ajouta :

– Il y a un détail, quand même. Princesse a ce drôle de sourire qu'ont certains labradors, vous savez, quand ils sont contents de vous voir…

– Mes photos ! s'écria James. Bien sûr ! Pourquoi je n'y ai pas pensé plus tôt ?

Il plongea la main dans son sac à dos et en sortit plusieurs clichés, qu'il parcourut rapidement.

– Tiens ! dit-il en exhibant l'un des premiers qu'il avait pris. Vous la reconnaissez ? Est-ce que c'est Princesse ?

Laura Dawson examina la photo. On y voyait le petit labrador qui regardait vers l'objectif, la tête penchée sur le côté.

– C'est elle ! s'écria-t-elle, ravie. C'est ma Princesse.

Elle sourit :

– Au palais de Buckingham ! Excusez du peu…

– Ma foi, elle mérite bien son nom, intervint malicieusement Adam Hope. Mais cette photo a été prise il y a déjà plusieurs jours.

Rien ne prouve que la chienne soit toujours là-bas.

– Pourquoi en serait-elle partie ? rétorqua Cathy. Moi, je pense qu'elle s'y trouve encore. D'après le guide de James, il y a des jardins derrière le palais, et même un lac.

– Ça ne va pas être facile d'aller la chercher, observa Casey. On ne peut pas se présenter au portail et dire : « Excusez-moi, Votre Majesté, nous pensons que notre chienne s'est faufilée dans votre jardin. Ça vous ennuie si on jette un coup d'œil ? »

– Oui, c'est vrai, reconnut Cathy. Seulement, nous connaissons quelqu'un qui doit se rendre au palais de Buckingham cet après-midi, non ?

– Mme Ponsonby ! s'écria James avec un grand sourire.

– On ne sait même pas à quelle heure elle doit se présenter au palais, objecta Adam Hope. Elle est peut-être déjà à l'intérieur en ce moment.

– Alors, il ne nous reste plus qu'à la guetter à la sortie, proposa Cathy.

– Très bien, conclut M. Hope.

Il consulta de nouveau sa montre :

– En attendant, je propose de retourner au parc Saint James. Les autres vont commencer à trouver le temps long.

– J'aurais voulu vous emmener, dit Laura Dawson, mais vous ne tiendrez pas tous dans ma voiture.

Portant la main à son sac, elle ajouta d'un air gêné :

– J'aimerais vous récompenser pour tout le mal que vous vous êtes donné. Voulez-vous accepter un témoignage de ma gratitude ?

– Oh non ! Je vous en prie, ce n'est pas la peine, protesta Cathy. Nous sommes largement récompensés en ayant fait votre connaissance – et celle de Poppy et de Paddington, évidemment !

– Dans ce cas, laissez-moi au moins vous dédommager pour le taxi, insista la jeune femme.

Elle fourra un billet dans les mains de M. Hope.

– Je vais déposer les chiots à la maison. Je vous rejoins tout à l'heure devant le palais ?

– Entendu, dit Cathy.

14

– On se retrouve ici dans une demi-heure, déclara Adam Hope aux enfants quand le taxi les eut déposés devant le palais de Buckingham. Mais pas plus ! On ne peut pas demander à ta mère et aux autres de nous attendre toute la journée. Si Mme Ponsonby n'est pas ressortie d'ici là, tant pis.

Sur ces mots, il s'éloigna en direction du parc Saint James.

– De quoi a-t-elle l'air, cette Mme Ponsonby ? demanda Casey après son départ.

Un flot régulier de visiteurs s'écoulait hors du palais par une porte latérale. Tous étaient très bien habillés. Les hommes portaient des costumes sombres et les femmes des robes fleuries, avec des chapeaux.

– Elle est facile à repérer. Elle est assez forte, et elle devrait porter un chapeau orné de plumes d'autruche, répondit Cathy. Elle aura une petite chienne pékinoise dans les bras.

Quelques minutes plus tard, Casey s'écriait :

– Là ! Le chapeau !

– Madame Ponsonby ! appela Cathy.

Elle courut à sa rencontre, Casey et James sur ses talons.

– Dieu merci, vous voilà ! Je vous en prie, il faut que vous nous aidiez !

Mme Ponsonby avait une expression furibonde, le visage rouge et les sourcils froncés.

– Un ennui ? lui demanda James.

– On ne m'a pas laissée emmener Pandora à la réception, s'écria-t-elle avec indignation. J'ai dû la ramener à l'hôtel et l'enfermer dans notre chambre. La pauvre, elle était dans tous ses états…

– Ah, c'est dommage, reconnut Cathy. Mais…

– Je me demande bien ce qu'ils ont contre ma petite Pandora, poursuivit Mme Ponsonby. La réception avait lieu en plein air, après tout. En plus, j'ai vu un chiot gambader dans les jardins. Comme celui que vous avez trouvé dans le parc, d'ailleurs. Sans collier, sans surveillance, rien !

– Le chien ! s'exclama Cathy. Justement, c'est de lui qu'on venait vous parler. Vous voulez bien y retourner et l'attraper pour nous ?

– On a retrouvé sa maîtresse, enchaîna James. C'est Laura Dawson, un écrivain célèbre. Elle va arriver d'une minute à l'autre.

– Vraiment ? J'aurai deux mots à lui dire, fit Mme Ponsonby avec un reniflement de dédain. On n'a pas idée de laisser des chiots errer comme ça, tout seuls, en pleine ville !

– Il ne faut pas en vouloir à Laura, plaida Cathy, ce n'est pas sa faute. Et elle est morte d'inquiétude. Imaginez dans quel état vous seriez si Pandora se sauvait !

– Vous êtes la seule à pouvoir accéder aux jardins du palais, ajouta James. Dites oui, je vous en prie ! Laura Dawson vous en sera tellement reconnaissante !

Mme Ponsonby réfléchit un instant.

– D'accord, dit-elle enfin. Mais c'est bien pour le chien que je fais ça ! Heureusement, j'ai gardé la laisse de Pandora dans mon sac. Attendez-moi ici.

Elle fit demi-tour et s'éloigna dignement vers le palais.

– Ouf ! soupira Casey. C'est quelque chose, votre Mme Ponsonby !

Laura Dawson retrouva bientôt les trois enfants devant le palais.

– Du nouveau ? s'enquit-elle. Vous avez pu parler à votre amie ? Et où est ton père, Cathy ?

– Princesse est bien au palais ! annonça Cathy, tout excitée. Mme Ponsonby l'a vue.

Elle est partie l'attraper. Quant à Papa, il est dans le parc avec les autres. Ils nous rejoindront tout à l'heure.

– Excellente nouvelle ! J'espère que cette Mme Ponsonby va réussir !

– Elle n'est pas du genre commode, l'avertit Casey. Elle va probablement vous faire un sermon.

– Oh, je m'en moque, soupira Laura. Du moment que je retrouve ma chienne... De toute façon, je ne l'aurai pas volé.

– Voilà les autres qui arrivent, annonça Casey. Ils en avaient sûrement assez de nous attendre.

– Alors ? fit Emily Hope, s'adressant à sa fille. Il faut vraiment qu'on y aille, tu sais.

Cathy lui exposa la situation en quelques mots. Elle présenta rapidement Laura Dawson, puis se retourna vers la porte latérale pour guetter l'apparition de Mme Ponsonby.

– Ton père nous a tout raconté, intervint la grand-mère de Cathy. L'ennui, c'est que nous avons des cadeaux à acheter avant de rentrer à Welford. Pourquoi ne pas appeler

Mme Ponsonby ce soir pour lui demander comment ça c'est passé ?

– Je peux l'attendre seule, proposa Laura Dawson. Vous en avez déjà beaucoup fait.

– Oh, rien qu'une minute ! plaida Cathy. C'est la dernière occasion que nous aurons de voir Princesse.

– J'ai une idée ! suggéra James. Et si vous achetiez vos cadeaux dans la Galerie de la reine, à côté des écuries royales ? Tu te souviens, Cathy ? On y est allés lundi.

– Mais oui ! s'enthousiasma Cathy. On y trouve de tout – des livres, des verres, des tasses et des assiettes imprimées, des chocolats et des biscuits, et même des figurines en plomb.

– Ça m'a l'air parfait, convint M. Hope.

La question était réglée. Ceux qui voulaient faire des emplettes partirent pour la Galerie de la reine. Cathy, James et Casey obtinrent une demi-heure de plus en compagnie de Laura.

Quinze minutes s'écoulèrent dans un silence tendu. Et puis, Casey poussa une exclamation de triomphe.

– Je vois son chapeau ! cria-t-elle. La voilà !

De l'autre côté de la grille, les plumes du chapeau de Mme Ponsonby brillaient au soleil. Un majordome lui ouvrit le portail pour la laisser sortir. Elle tenait un chiot labrador contre sa poitrine !

Laura s'agenouilla et ouvrit les bras.

– Princesse ! appela-t-elle. Viens, ma belle !

Mme Ponsonby se pencha pour détacher la laisse de Princesse. Le petit labrador brun s'élança comme une flèche vers sa maîtresse.

– Oh, merci, Madame Ponsonby ! dit Cathy en lui secouant la main avec énergie. Comment avez-vous fait ?

– J'ai mis en pratique ma grande expérience des chiens, répondit modestement Mme Ponsonby : je l'ai appâtée avec un sandwich au jambon.

– Je vous suis tellement reconnaissante ! déclara Laura Dawson, radieuse.

Elle passa son collier à sa chienne et lui attacha sa laisse avant de se relever.

– Puisque vous refusez une récompense, acceptez au moins d'être mes invités, proposa-t-elle. Que diriez-vous d'aller prendre un bon thé au Ritz, tous ensemble ?

– Un thé au Ritz ! dit Casey, les yeux brillants. C'est le clou de la journée. Quand je raconterai ça à papa et maman !

Cathy serra Princesse dans ses bras. La petite chienne lui lécha le visage. Cathy lui prit la tête entre les mains et plongea son regard dans ses magnifiques yeux bruns.

– Alors, murmura-t-elle, c'était bien, la vie de château ?

Elle se tourna vers Laura Dawson :

– Vous devriez raconter son aventure dans votre prochain livre. Ça ferait une histoire du tonnerre !

Laura Dawson éclata de rire :

– Allons, Cathy ! Un chiot perdu dans le palais de la reine d'Angleterre ? Qui croirait à une chose pareille ?

FIN

EXTRAIT

Et voici une autre aventure
de Cathy et James
dans

DES PONEYS EN LIBERTÉ

S.O.S. ANIMAUX

3

Le lendemain matin, Cathy et James se promenèrent sur la falaise en attendant le départ pour le champ de courses. La jeune fille avait rêvé des poneys sauvages et de leurs magnifiques yeux noirs, et elle mourait d'envie de les revoir. Elle scruta la plage du haut du promontoire ; en vain.

– Ils ne sortent peut-être que l'après-midi, dit-elle, déçue.

Elle avait parlé trop vite ! Au même moment, un hennissement du côté du château de Kilmore les fit sursauter. Ils se retournèrent : le troupeau se tenait à moins d'une centaine de mètres de là, broutant tranquillement à l'abri d'un mur en ruine.

Cathy, enchantée, décida de donner un nom à ses poneys préférés.

– La jument s'appellera Rosie, car elle a des taches rougeâtres sur ses flancs. Et son poulain, Connie. C'est un diminutif de Connemara, précisa-t-elle sur un ton malicieux.

– Tu ne changeras jamais ! fit James. Attention ! Ils se dirigent vers nous ! Baisse-toi, vite ! Il ne faut pas qu'ils nous aperçoivent.

Rosie trotta en cercle autour du troupeau, l'emmenant du côté de la haie derrière laquelle Cathy et James s'étaient dissimulés.

– Mais... qu'est-ce qu'ils font ? Ils sont au bord de la falaise, souffla James, sur le point d'intervenir.

– Attends ! Je crois qu'il y a un chemin, dit Cathy en le retenant par la manche.

En effet, la jument emprunta un sentier qui descendait en zigzag. Les poneys la suivirent docilement : leurs sabots accrochaient les pierres, provoquant de petits éboulements. Les deux enfants s'approchèrent de la falaise pour les observer. Attentive, Rosie veillait à ce que le troupeau ne fasse pas le moindre écart. Elle faisait une pause de temps en temps pour attendre son poulain craintif.

Soudain, Cathy poussa un cri :

– Regarde, Connie a une corde autour du cou !

Elle était suffisamment près pour distinguer le licou qui entaillait la chair du pauvre poulain.

– Qui a pu faire une chose pareille ? s'indigna James.

– Quelqu'un a voulu la capturer, j'imagine, dit Cathy sombrement.

Elle détestait l'idée qu'on puisse maltraiter les animaux. À cet instant, elle n'avait qu'une envie : s'élancer et enlever l'horrible cordage qui blessait l'animal.

EXTRAIT

– Ne bouge pas ! prévint James, devinant ses pensées. On risque de lui faire peur.

Rosie s'était arrêtée et attendait fébrilement le reste du troupeau. Les oreilles dressées, elle semblait en alerte. Peut-être avait-elle senti la présence des deux enfants en haut de la falaise.

– On ne peut pas le laisser comme ça ! s'emporta la jeune fille.

– Si le troupeau panique dans ce chemin pentu, ce sera un désastre !

Un silence de plomb s'installa entre eux. Ils se sentaient impuissants et malheureux.

– Et si Connie garde le licou, qu'arrivera-t-il ? voulut savoir James.

– Je n'en sais rien. Il se peut que la corde s'enfonce plus profondément au fur et à mesure qu'elle grandit...

– ... et que la plaie s'infecte, enchaîna le garçon.

EXTRAIT

Découvre vite la suite de cette histoire
dans

**DES PONEYS
EN LIBERTÉ**

N° 326 de la série

S.O.S. ANIMAUX

ÉCRIS-NOUS !

Chère Lucy Daniels,

J'adore les animaux, surtout le koala, le panda et le dauphin. J'aime beaucoup la collection " SOS Animaux ". Je la trouve super ! Il y a plein d'amour entre les animaux et les héros, Cathy et James.
Je voudrais savoir si vous avez publié un livre qui parle de koalas.

Sophie, 12 ans.

RÉPONSE

Tu sembles être aussi amoureuse des animaux que Cathy et James !
Tu peux retrouver tes animaux préférés dans « Opération Koala », le n° 320 de la collection.

Toi aussi, tu aimes les animaux ?

Si tu as envie

de nous confier les joies et les soucis
que tu as avec ton animal,

si tu veux

nous poser des questions
sur l'auteur et ses romans,
ou tout simplement nous parler
de tes animaux préférés,

n'hésite pas à nous écrire !
Ta lettre sera peut-être publiée !

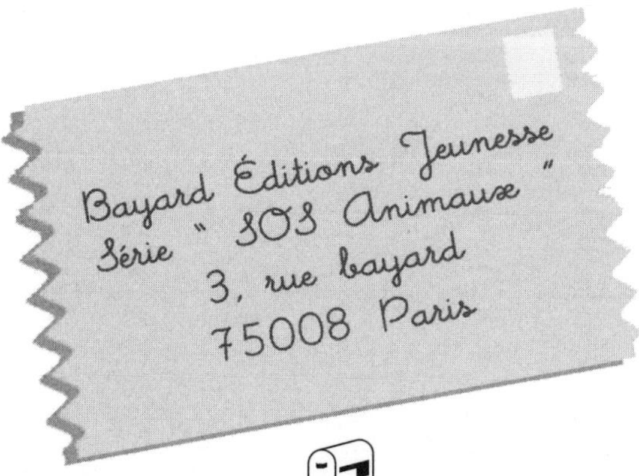

Attention !

N'oublie pas d'écrire ton nom et
ton adresse si tu veux qu'on te réponde !

S.O.S. ANIMAUX

301. Il faut retrouver Perle !
304. Les larmes du dauphin
305. Le panda abandonné
310. Réglisse a disparu !
311. Sauvons les poulains !
312. Une girafe en péril
313. Comment sauver Harry ?
314. Perdue dans la nuit
315. Qui veut adopter un chaton ?
316. Un hamster trop gourmand
317. Une maison pour Marco et Polo
318. Flibuste est un coquin !
319. Prince ne doit pas courir !
320. Opération Koala
321. Au secours du bébé éléphant
322. Le Noël du chien de berger
323. Perdu dans la savane
324. Nanook, chienne des neiges
325. Un singe en danger
326. Des poneys en liberté
327. Seul dans la ville

Imprimé en R.F.A par Clausen & Bosse